Institut für ausländisches öffentliches Recht
und Völkerrecht

Beiträge
zum
ausländischen öffentlichen Recht und Völkerrecht

Herausgegeben in Gemeinschaft mit

Friedrich Glum, Ludwig Kaas, Rudolf Smend, Heinrich Triepel

von

Viktor Bruns

Heft 1

Berlin und Leipzig 1927

Walter de Gruyter & Co.

vormals G. J. Göschen'sche Verlagshandlung — J. Guttentag, Verlagsbuchhandlung
Georg Reimer — Karl J. Trübner — Veit & Comp.

Staatsrecht und Politik

Rede

beim Antritte des Rektorats der
Friedrich Wilhelms-Universität zu Berlin
am 15. Oktober 1926

von

Heinrich Triepel

Berlin und Leipzig 1927

Walter de Gruyter & Co.

vormals G. J. Göschen'sche Verlagshandlung — J. Guttentag, Verlagsbuchhandlung
Georg Reimer — Karl J. Trübner — Veit & Comp.

Die Rede ist beim mündlichen Vortrage
an mehreren Stellen stark verkürzt worden.

Hochansehnliche Versammlung!
Verehrte Kollegen!
Liebe Kommilitonen!

Für den Rektor einer Universität bietet es einen eigenen Reiz, sich in der Reihe seiner Vorgänger nach den Männern umzusehen, die zugleich im Bereiche der Wissenschaft seine Vorgänger gewesen sind. Auch für den Gelehrten können ja in besonderem Sinne die Goetheschen Worte gelten:

Wohl dem, der seiner Väter gern gedenkt,
Der froh von ihren Taten, ihrer Größe
Den Hörer unterhält und, still sich freuend,
Ans Ende dieser schönen Reihe sich
Geschlossen sieht.

Allerdings — unter den Männern der Wissenschaft wird es manchen geben, der den Anspruch erhebt, nicht an das Ende, sondern an den Anfang einer Reihe gestellt zu werden. Ein anderer wird umgekehrt davor zurückschrecken, sich selber einen Platz in einem wissenschaftlichen Stammbaume anzuweisen, weil er nicht zu einem Vergleiche der eigenen Leistungen mit den Leistungen der Voreltern herausfordern möchte; es ist ja fast gewiß, daß hierbei der Lebende Unrecht erhält. Indes — der Stolze muß sich doch sagen, daß selbst ein Ahnherr immer auch ein Enkel ist. Der Bescheidene aber wird der Gefahr, die er fürchtet, entgehen, wenn er die Hörer nicht in erster Linie von Taten und Größe einzelner Ahnherren unterhält, sondern mehr von wissenschaftlichen Strömungen, von denen jene beherrscht waren, und wenn er dazu die Richtungen der Gegenwart, in deren

Banne er sich selber fühlt, in Beziehung setzt, wenn er also sozusagen die Ahnentafel aus der Sphäre des Subjektiven in die des Objektiven erhebt.

Von den Juristen, die den Berliner Rektormantel getragen, können wir Staatsrechtslehrer nur zwei ganz für uns in Anspruch nehmen: Friedrich Julius Stahl und Rudolf von Gneist. Denn Theodor Schmalz, der erste Rektor unserer Universität, war in seinen Interessen ebensosehr, ja vielleicht noch mehr der Staatswirtschaft und anderen juristischen Disziplinen als dem Staatsrechte zugewandt. August Wilhelm Heffter, trotz seiner verdienstlichen Leistungen im Privatfürstenrecht und im Völkerrecht, war doch in der Hauptsache Prozessualist und Kriminalist. Die Bedeutung unseres Wilhelm Kahl liegt zunächst auf kirchenrechtlichem und strafrechtlichem Gebiete. Otto von Gierke endlich, dessen immer überragende Gestalt, seit er geschieden ist, uns fast von Jahr zu Jahr mehr ins Gewaltige wächst, war ein viel zu universaler Geist, als daß wir ihn in den schmalen Rahmen eines Einzelfachs einspannen dürften, auch wenn gerade unser Staatsrecht seiner Gedankenarbeit besonders fruchtbare Anregungen zu verdanken hat. Stahl aber und Gneist gehören völlig zu uns. Obwohl sie beide vom römischen Rechte ausgegangen sind, und obwohl sie sich auch später keineswegs in den Netzen eines engen Spezialistentums haben fangen lassen, so liegt doch bei beiden der wissenschaftliche Schwerpunkt durchaus auf dem Gebiete des öffentlichen Rechts.

Wir müssen der lockenden Versuchung widerstehen, eine genauere Parallele zwischen den zwei hervorragenden Männern zu ziehen. Nach fast allen Seiten des Charakters und der Lebensauffassung verschiedene Naturen, sind sie nur in dem einen völlig gleich gewesen: darin, daß sie ihre

Wissenschaft in eine ganz nahe Verbindung mit politischen Zielen gebracht haben. Freilich, auch hierbei welche Gegensätze zwischen den beiden! Stahl das anerkannte Haupt und der geistige Führer einer politischen Partei; Gneist zwar äußerlich in das Gefüge einer Partei eingestellt, aber ihr innerlich keineswegs in allem hingegeben. Stahl mit der vollen Kraft des fanatischen Dogmatikers stets aufs Ganze gehend, niemals bereit, Zugeständnisse zu machen; Gneist beweglicher und schmiegsamer, immer bedacht, das große Reformwerk nicht zu gefährden, dem seine Lebensarbeit galt. Stahl im Grunde viel mehr Politiker als Gelehrter; nicht mit Unrecht hat Lenz von ihm gesagt: „Politik war, was er als Lehrer, wie als Mitglied der Fakultät und als Schriftsteller trieb." Bei Gneist steht doch der Forscher und Gestalter im Vordergrunde, nur daß es eine politische Aufgabe ist, die ihn bei der Wahl des Stoffs und öfters auch bei dessen Gliederung und Deutung bestimmt. Stahl wie Gneist sind Jünger der historischen Rechtsschule gewesen, und beide standen unter dem Einflusse Hegels. Trotzdem bekämpft Stahl die Hegelsche Philosophie, wie er sagt, wegen des Mangels an allem geschichtlichen Prinzip, ja er nennt sie deshalb einmal eine absolute und verderbliche Irrlehre; aber er sucht doch wieder seine Stütze in Hegel, sobald er glaubt, sittliche und politische Wahrheiten durch ihn verkündigt zu hören. Gneist hat seine eigentümliche, ihn immer leitende Auffassung vom Verhältnis zwischen Staat und Gesellschaft auf dem Umwege über Lorenz von Stein von Hegel bezogen. Indes weder in politischen Anschauungen, noch in der Methode hat er sich von der Hegelschen Philosophie entscheidend bestimmen lassen. Dies alles ließe sich ohne Mühe noch länger fortspinnen. Allein für unsere heutige Betrachtung soll es uns nur auf die Feststellung ankommen, daß die staatsrechtliche Arbeit der beiden Männer ihren Charakter ganz wesentlich durch die Verbindung juristischen Denkens mit politischen Idealen und Zwecksetzungen erhalten hat.

Nur wenige Jahre, nachdem Gneist in der Schrift über die Bildung der Geschworenengerichte zum ersten Male seine berühmt gewordene politische Forderung, englische Selbstverwaltung auf deutschen Boden zu verpflanzen, aufgestellt hatte, erschien Carl Friedrich Gerbers Buch über die öffentlichen Rechte. Es enthielt das scharf umrissene Programm einer neuen Schule, die sich zur Aufgabe machte, die Wissenschaft des Staatsrechts von allem Politischen zu reinigen. An die Stelle des politischen und staatsphilosophischen Raisonnements, so heißt es wörtlich, hat die juristische Konstruktion zu treten. Der Sinn ist: das Rechtliche kann nur aus dem Rechtlichen begriffen werden. Bei einer rechtswissenschaftlichen Betrachtung kann das Politische nur Material, niemals Zweck sein. Es gilt, im Staatsrechte die ganze Summe allgemeiner juristischer Begriffe anzuwenden, die in ihrer Einfachheit und ursprünglichen Reinheit im Privatrechte zergliedert worden sind, entweder unmittelbar oder, wo dies wegen des verschiedenen materiellen Gehalts nicht geht, in der Weise, daß man sie nach den im Privatrechte entwickelten Grundsätzen exakter Interpretation und Konsequenz verändert. Der Nutzen dieser Methode wird dann von Gerber sofort an einem besonderen Probleme anschaulich gemacht, indem die „juristische Natur“ der öffentlichen Rechte des Monarchen, der Beamten, der Untertanen herausgestellt wird. Dabei begegnen uns eine Reihe von Konstruktionen, die in der Folgezeit eine große Rolle gespielt haben: so z. B. die Auffassung des Monarchenrechts als „eigenen“ und „ursprünglichen" Rechts, die Behauptung, daß die sogenannten Freiheitsrechte der Untertanen keine Rechte seien, daß vielmehr in ihnen nur gewisse Wirkungen objektiver Rechtssätze über die Ausübung der Staatsgewalt ausgedrückt werden sollten. Aus der begrifflichen Konstruktion werden auch sogleich praktische Folgerungen gezogen, so etwa die, daß sich von den öffentlichen Rechten der Bürger fast kein einziges zur gerichtlichen Verfolgbarkeit eigne.

Die neue Methode, die übrigens auf ältere Anregungen Albrechts zurückgeführt werden kann, ist von Gerber nachher noch in seinen reizvoll geschriebenen Grundzügen des deutschen Staatsrechts angewendet worden. Dann hat sie Laband, Gerbers geistiger Testamentsvollstrecker, wie ihn Landsberg treffend genannt hat, übernommen und mit vollendeter Künstlerschaft gehandhabt. Und Labends deutsches Staatsrecht, dessen erster Band genau vor fünfzig Jahren erschienen ist, hat mehr als eine Generation deutscher Publizisten vollständig beherrscht, hat auch über Deutschlands Grenzen hinaus, namentlich in den romanischen Ländern, Einfluß gewonnen. Kaum einer von uns Älteren hat in seinen Anfängen nicht im Banne der Gerber-Labandschen Schule gestanden. Ihre Wirkung ist auch weder durch die kräftige Opposition Gierkes und Edgar Loenings, noch durch den mutigen, nur nicht ganz richtig angesetzten Angriff Stoerks gehemmt worden.

Für die Schule handelt es sich bei der Behandlung staatsrechtlicher Probleme schlechterdings um nichts anderes als um die Analyse öffentlich-rechtlicher Verhältnisse durch Feststellung ihrer „juristischen Natur", um die Auffindung der allgemeinen Rechtsbegriffe, denen sie untergeordnet sind, und um die Entwickelung der Folgerungen, die sich aus den gefundenen Prinzipien ergeben. Jene Analyse bedeutet ganz allgemein eine Ausbreitung der logischen Elemente, aus denen sich der Begriff eines Rechtsinstituts zusammensetzt. Jede teleologische Betrachtung wird verpönt; denn der Zweck, dem ein Rechtsinstitut dient, liegt jenseits seines Begriffs. Daraus ergibt sich von selbst, daß dem Staatsrechte alle politischen Erwägungen, da sie Zweckerwägungen enthalten, fernzuhalten sind. Den Ehrentitel „streng juristisch" legt die Schule nur solchen staats- und verwaltungsrechtlichen Schriften bei, die eine Berührung mit dem Politischen meiden wie den Verkehr mit dem Gottseibeiuns. Wer sich dieser gelegentlich fast ketzerrichterlichen Tyrannei nicht beugt, wird im besten Falle ignoriert. Der Erfolg ist gewesen, daß die der konstruktiven Periode vorangehende Literatur lange Zeit fast der Vergessenheit anheimgefallen ist, darunter neben vielen verdienterweise verschollenen Büchern manches gute und wertvolle. Mit dem bei aller Positivität doch auch „politisch" denkenden Robert von Mohl wußte die konstruktive Staatslehre ebensowenig etwas anzufangen, wie die neue verwaltungsrechtliche Richtung mit Lorenz von Stein und mit Gneist. Auch die kleinen, aber feinen staatsrechtlichen Schriften von Ferdinand von Martitz haben, weil sie als zu „politisch" galten, nicht die verdiente Würdigung erfahren. Jahrzehntelang arbeitet die Staatsrechtslehre fast ausschließlich mit begrifflichen Konstruktionen. Vor allem die ganze Literatur, die sich mit der Bismarckschen Reichsverfassung beschäftigt, die Literatur, die es unternimmt, die „juristische Natur" des Reichs, der Länder und ihrer Verbindung, den „rechtlichen Charakter" der Sonderrechte, des Kaisertums, des Bundesrats, der Reichslande, der Schutzgebiete zu ergründen. Überhaupt aber die Literatur, die sich mit verfassungs-, verwaltungs- oder völkerrechtlichen Einrichtungen, mit dem

„Wesen“ der Regentschaft, des Protektorats, der Realunionen usw. befaßt. Es ist eine lange Reihe von Schriften, an denen noch spätere Geschlechter die Fülle des aufgewendeten Scharfsinns bewundern werden, auch wenn sie, wie zu befürchten steht, über das Verhältnis von Mühe und Ertrag skeptischer denken werden als die Zeitgenossen. Freilich haben schon damals manche Leute den Kopf geschüttelt über den Gegensatz zwischen gewissen juristischen Konstruktionen und den Wirklichkeiten des politischen Lebens. Aber es focht die Häupter und Anhänger der deutschen Schule nicht an, wenn ihnen ein Mann wie der französische Jurist Duguit zurief: „Il n'y a pas deux vérités sociales“. Anschütz hat einmal gesagt, was für den Historiker und Politiker „in Wahrheit wahr ist“, brauche nicht wahr zu sein für staatsrechtliche Betrachtung. Noch im Jahre 1913 hat Anschütz die preußische Hegemonie in Deutschland zwar im Sinne einer historisch-politischen Bewertung der Dinge anerkannt, im Sinne des Staatsrechts aber energisch abgeleugnet. Das war, vom Standpunkte der Schule gesehen, ganz folgerichtig, da diese die Hegemonie nicht als einen Rechtsbegriff verwenden konnte.

Nun ist freilich das Wort Politik vieldeutig, und so konnte das Verhältnis der konstruktiven Publizistik zum „Politischen“ verschieden gestaltet sein.

Man kann unter Politik staatliches Handeln verstehen, kann etwa, wie Bluntschli, als Politik auffassen die Leitung des Staats und die Einwirkung auf die Staatsangelegenheiten, die „bewußte Staatspraxis“. Wo man den Trennungsstrich zwischen dem wahrhaft Politischen und anderem staatlichen Tun zu ziehen habe, vielleicht unter Verwertung des Integrationsgedankens, den Rudolf Smend mit Glück in die staatsrechtliche Begriffswelt eingeführt hat, braucht uns hier nicht zu beschäftigen. Denn jedenfalls verträgt politische Staatstätigkeit ebenso wie die bloß technische Verwaltung eine Beurteilung nicht nur nach Gesichtspunkten der Zweckmäßigkeit, sondern auch nach solchen des Rechts. Das Staatsrecht hat ja im Grunde gar keinen anderen Gegenstand als das Politische. Der Staatsrechtslehrer kann also gar nicht darauf verzichten, politische Vorgänge oder Absichten mit den Maßstäben des öffentlichen Rechts zu messen. Zwar haben im 17. Jahrhundert die politischen Praktiker an den fürstlichen Höfen zuweilen erklärt, es sei nicht statthaft, Angelegenheiten des Staats und der Fürsten vor Studenten zu verhandeln und Professoren darüber entscheiden zu lassen. Selbst Carpzov hat einmal zugegeben, daß daran etwas Richtiges sei. Aber das Verlangen, die Staatsgelehrten sollten sich nicht um schwebende politische Verhandlungen kümmern, ist von ihnen niemals befolgt worden, um so weniger, als sich gerade die Höfe und die Regierungen erbetener und unerbetener Gutachten der Professoren immer gern bedient haben — vorausgesetzt, daß sie zu ihren Gunsten lauteten. Die Literatur des deutschen Staatsrechts besteht zu einem sehr großen Teile aus Streitschriften über politisch bedeutsame Fragen — von der Zeit Ludwigs des Bayern bis zur jüngsten Gegenwart. An den Kämpfen zwischen Königtum und römischer Kurie, zwischen der kaiserlichen und der ständischen Partei im Reiche, an den Streitigkeiten über das Gesandtschaftsrecht der Kurfürsten oder über den Vorzug der Erbtöchter, an den niemals abreißenden Kompetenz-, Territorial- und Sukzessionshändeln des alten Reichs haben sich die besten staatsrechtlichen Köpfe Deutschlands mit Eifer beteiligt, von Lupold von Bebenburg bis Reinkingk und Limnäus, von Pufendorf, Leibniz, Thomasius und Peter

Ludewig bis Pütter. Und die Staatsrechtslehrer des 19. Jahrhunderts haben es ihnen gleichgetan, von Klüber bis Hermann Schulze, von Welcker bis Hänel und Laband. Denn auch Laband hat es nicht verschmäht, zu politischen Tagesfragen von rechtlicher Bedeutung, etwa zum lippeschen Thronstreite oder zur Frage der Einführung direkter Reichssteuern, in Streitschriften Stellung zu nehmen. Es ist nicht zu leugnen, daß manchmal die wissenschaftliche Objektivität des Publizisten, der literarisch in die politischen Kämpfe seiner Zeit hineingezogen wurde, nicht nur verdächtigt — das war stets und ist auch heute selbstverständlich — sondern wirklich in Gefahr gebracht worden ist. Wir Heutigen dürfen aber doch wohl ohne Überhebung sagen, daß wir auf diesem Gebiete gewissenhafter sind als viele unserer staatsrechtlichen Vorfahren im 17. und 18. Jahrhundert, die in der Verbindung von Forscher- und Sachwaltertätigkeit oft skrupelloser waren, als es sich ziemte. Und weil wir gewissenhafter sind, so sind wir auch freier. Während die bedeutendsten publizistischen Schriften des 17. Jahrhunderts, aus der Feder eines Chemnitz, eines Pufendorf, eines Leibniz, wegen ihres politischen Charakters unter Pseudonymen erschienen sind, treten wir heute mit offenem Visiere für unsere Überzeugung ein. Irre ich nicht, so war Böhlaus Schrift über die Kompetenz-Kompetenz des Norddeutschen Bundes aus dem Jahre 1869 die letzte rein staatsrechtliche Monographie, die sich mit dem Mantel der Anonymität bekleidet hat. Freilich haben wir, die wir im Schatten des Rechtsstaats fechten, auch nicht mehr zu befürchten, daß wir wegen unserer Theorien um Amt und Brot gebracht werden oder gar das Schicksal eines Algernon Sidney erleiden, der dem Scharfrichter überliefert wurde, weil er die gemäßigte Monarchie für besser erklärt hatte als die absolute. Zwar haben wir Heutigen statt mit fürstlicher Ungnade mit dem Stirnrunzeln der ungekrönten Könige der Presse und des Parlaments zu rechnen. Allein das ficht uns nicht sonderlich an, weil wir wissen, daß wir im Grunde doch mit jedem, der an der Freiheit der Meinungsäußerung interessiert ist, in stillem Bunde stehen, und daß ein Bündnis wie eine Ehe ohne gelegentlichen Streit langweilig zu werden droht. Jedenfalls aber — wenn wir von unvermeidlichen Menschlichkeiten absehen, so hat es der Wissenschaft nichts geschadet, sondern es hat ihr unendlich genützt, daß ihre Jünger die politischen Ereignisse ihrer Zeit in das Stoffgebiet juristischer Untersuchung gezogen haben. Gerade durch Gutachten und Streitschriften behält der Theoretiker die Fühlung mit der Praxis, und gerade aus dieser Verbindung strömen der Wissenschaft heute wie einst die fruchtbarsten Anregungen zu.

Es würde sich lohnen, in diesem Zusammenhange auch die Beteiligung der Staatsrechtslehrer am politischen Leben ins Auge zu fassen. Ich kann nur kurz die eigenartigen Wandlungen streifen, die sich hier im Laufe der Zeit vollzogen haben. In der Periode des ständischen und der des absoluten Beamtenstaats finden wir die Professoren der Rechtsgelahrtheit, die Staatsrechtslehrer in erster Reihe, sehr häufig als Berater der Fürsten in den Hofräten und Geheimen Ratskonsilien, oder wir sehen sie wirken als Räte „von Haus aus" oder als Beamte im Dienste landständischer Korporationen. Oft von vielen Seiten umworbene Männer, werden sie in den Angelegenheiten der äußeren und inneren Politik auch dann angegangen, wenn man sie nicht dauernd an ein Amt zu fesseln vermag. Die Einführung der konstitutionellen Verfassungen bringt die Publizisten auf die Bänke der Parlamente. In den ersten Jahrzehnten parlamentarischen Lebens ziehen die Staatsrechtslehrer in Scharen in die Landtage der deutschen Einzelstaaten ein. Von den bekannten Namen der Wissenschaft fehlt hier kaum einer: Karl Salomo Zachariä, Rotteck, Welcker, Jordan, Mohl, Bluntschli, Stahl, Heinrich Albert Zachariä, Poezl, ganz zu schweigen von den Kleineren, wie Behr, Dresch, Schunck oder Moy de Sons, und von den staatsrechtlich gefärbten Historikern, wie Dahlmann, Waitz, Droysen, Duncker, Sybel, später auch Treitschke. Es ist ganz auffallend, wie sehr sich dies Bild etwa seit der Zeit der Gründung des Norddeutschen Bundes und des Deutschen Reichs verändert hat. Nur Gneist und Hänel sind noch lange Jahre dem parlamentarischen Leben treu geblieben, eine Weile auch Marquardsen und Georg Meyer. Von den Männern, deren Wirksamkeit das deutsche Staatsrecht in den letzten Jahrzehnten des 19. Jahrhunderts beherrscht hat, sind weder Laband noch Seydel, weder Loening noch Zorn, weder Binding noch Brie, weder Jellinek noch Otto Mayer gewählte Volksvertreter gewesen. Gerber hat nur dem konstituierenden Reichstage von 1867 angehört; andere haben sich mit der politisch geruhsameren Rolle des Mitglieds einer Ersten Kammer oder eines Staatsrats begnügt. Welcher Gegensatz zwischen der Beteiligung der Staatslehrer am Frankfurter Parlamente und ihrer Teilnahme an der Weimarer Nationalversammlung! In Weimar finden wir, wenn wir den Begriff des Staatsrechtslehrers nicht sehr weit fassen, als Abgeordnete nur zwei aus unserer Reihe; Hugo Preuß hat an der Herstellung der neuen Reichsverfassung als Beauftragter der Regierung, nicht als Abgeordneter teilgenommen. Nun ist der Rückzug der Publizisten aus dem politischen Leben gewiß auf Gründe sehr verschiedener Art zurückzuführen. Die zunehmende Verdrängung des Persönlichen durch das Parteigemäße, der grundsätzlichen Erörterungen durch einen handwerksmäßigen Betrieb politischer Geschäfte, die stärkere Betonung des Wirtschaftlichen bei der Parteibildung haben den Parlamenten einen Rahmen gegeben, in den sich der Professor nur schwer noch einfügen mag. Allein ich glaube nicht fehlzugreifen, wenn ich die parlamentarische Enthaltsamkeit der neueren Publizistenschule auch mit ihrer inneren Einstellung zum Politischen als solchem in Verbindung bringe. Der naturrechtliche Rationalismus, der einen großen Teil der Staatslehre bis tief in das 19. Jahrhundert beherrscht hat, setzt den Gelehrten in ein anderes Verhältnis zu dem auf Wille und Tat abgestellten politischen Leben als eine Gedankenrichtung, deren Vertreter sich auf die Bildung von Begriffen und auf das Argumentieren aus dem System beschränken wollen.

Wir haben es nun aber heute nicht mit der Beziehung der Professoren des Staatsrechts zur Politik, sondern mit der Beziehung ihrer W i s s e n s c h a f t zum Politischen zu tun. Richten wir unseren Blick wieder auf den Kampf, den die konstruktive Schule gegen die politisch gefärbte Publizistik, vor allem gegen die Tendenzliteratur der vor- und nachmärzlichen Zeit eröffnete, so sehen wir, daß sich der Angriff in erster Linie auf die Methode unserer Wissenschaft bezog. Das Staatsrecht soll nicht mehr politisch b e h a n d e l t werden. Geht man dem nach, so macht wieder die Mehrdeutigkeit des Ausdrucks „Politik“ einige Schwierigkeiten.

Man hat noch bis vor wenigen Jahrzehnten unter Politik die Lehre vom Staate schlechthin verstanden, ungefähr in dem Sinne, wie sie von der Antike aufgefaßt worden ist. So bezeichnet etwa Waitz die Politik als die wissenschaftliche Erörterung der Verhältnisse des Staats mit Rücksicht sowohl auf die historische Entwicklung der Staaten überhaupt wie auf die staatlichen Zustände und Bedürfnisse der Gegenwart. Darnach wäre das Staatsrecht ein Teil einer umfassenden Wissenschaft Politik, und es würde sich fragen, ob Staatsrecht mit oder ohne Rücksicht auf die anderen Teile dieser Staatswissenschaft zu betreiben sei. Die Frage bleibt aber die gleiche oder verschiebt sich doch nur äußerlich, wenn man davon ausgeht, daß sich der ehemals einheitliche Begriff der Politik inzwischen aufgelöst hat, und daß der Staat nunmehr der Gegenstand verschiedener Wissenschaften geworden ist, von denen die eine ihn nach seiner rechtlichen Seite untersucht, während ihn andere von einem geschichtlichen oder gesellschaftlichen oder psychologischen oder irgendeinem andern Standpunkte aus betrachten. Ob es dabei auch eine Politik in einem engeren Sinne, d. h. eine wissenschaftliche Lehre vom Staatsinteresse geben könne, ist streitig, darf uns aber zunächst gleichgültig sein. Denn die Frage ist allein die, ob es methodisch richtig ist, wenn sich die Wissenschaft des Staatsrechts überhaupt in Beziehung zu anderen Wissenschaften setzt, die es mit dem Staate zu tun haben. Jedermann würde dies wohl ohne Bedenken bejahen, wenn es nicht von der neuesten Richtung, die sich gern als die konsequente Fortentwicklung der Gerber-Labandschen Schule bezeichnet, im Interesse der Methodenreinheit leidenschaftlich bekämpft würde. Die von Kelsen geführte jungösterreichische Schule, von der erkenntnis-theoretisch unanfechtbaren Gegenüberstellung des Seins und des Sollens ausgehend, will aus der Jurisprudenz im allgemeinen und aus dem Staatsrechte insbesondere, da es sich hier um eine normative Wissenschaft handele, alle kausalen Erwägungen ausschließen. Mit besonderer Feindseligkeit werden politische Erörterungen, da sie Zweckerörterungen seien, als rechtsfremd abgewiesen. Während noch Laband zugegeben hatte, daß die Zwecke eines Rechtsinstituts von Einfluß auf seine juristische Gestaltung und von Wert für sein Verständnis sein können, wird ein derartiger Gedanke von Kelsen als „metajuristisch" — wie der unschöne Ausdruck lautet — mit dem Anathem belegt. Auf diese Weise wird natürlich und absichtlich das Recht als bloße Form jedes Inhalts entleert. Kelsen ist so weit gegangen, den Staat überhaupt nur als einen Rechtsbegriff, als einen Zurechnungspunkt gewisser Handlungen zu bezeichnen; schließlich hat er ihn mit der Rechtsordnung selbst, also mit einem System von Normen gleichgesetzt.

Nun war die kritische Sonderung der rechtslogisch gewonnenen und der kausalwissenschaftlichen Erkenntnisse unleugbar ein Verdienst. Eine andere Frage aber ist es, ob die schroffe Einseitigkeit, mit der die jüngste Richtung die Rechtslehre auf das Formale beschränken will, der Wissenschaft zum Segen gereicht. Angenommen, wenn auch nicht zugegeben, daß der Jurist, soweit er formallogische Begriffsarbeit durch gesellschaftliche, historische, ethische oder andere Erwägungen ergänzt, nicht mehr Jurisprudenz, sondern Soziologie oder Geschichte oder sonst etwas treibe, so scheint es sich ja nur um eine Frage der Etikettierung zu handeln, die für die Sache ohne Belang sein würde. Aber gerade jene Ergänzung ist es, gegen die man eifert. Die Meister der neuen Schule jagen jeden Gedanken, der nicht als normlogisch approbiert werden kann, aus dem Bereiche der Jurisprudenz hinaus, wie die Zunftmeister den Bönhasen aus dem städtischen Weichbilde. Daß man Staatsrecht in solcher methodischen Exklusivität betreiben kann, ist gewiß. Aber es geschieht doch schließlich um den Preis einer Verarmung unserer Wissenschaft, die den Ruhm der Methodenreinheit wahrlich teuer bezahlen müßte. Im übrigen ist, wie Adolf Menzel sehr richtig sagt, Methodensynkretismus kein Majestätsverbrechen! Wohin wären wir gekommen, wenn wir Kirchenrecht ohne Kirchengeschichte, Handelsrecht ohne Rücksicht auf Volks- und Privatwirtschaft betrieben hätten! Ebensowenig aber läßt sich Staatsrecht ohne Rücksicht auf das Politische betreiben. Schon Pufendorf hat sich erzürnt über die Staatsrechtslehrer, die die deutsche Verfassung behandelten, ohne die res civiles, d. h. die Politik, zu kennen. Sie eignen sich, höhnt er, zu ihrem Geschäfte wie der Esel zum Saitenspiele. Was würde der alte Kämpfer zu den modernsten Staatsgelehrten sagen, die von Politik nicht einmal etwas verstehen wollen! Der logische Purismus, der die Jurisprudenz von der Berührung mit anderen Wissenschaften abschließt, der sie zu einer esoterischen, nur den Eingeweihten verständlichen Lehre macht, der alle staatlichen Einrichtungen, Verfassung, Parlament, Königtum, Selbstverwaltung und vieles andere nur als blutleere Schemen erscheinen und ihren ethischen Gehalt unbegriffen läßt, muß notwendig zu einer Verdorrung der Staats- und Rechtslehre führen. Hoffen wir, daß die nächste Generation unserer Publizisten, dem Leben zugewandter als die letzte, gerade mit Energie darangehen wird, die Normen des Staatsrechts in die innigste Beziehung zu setzen zu den politischen Kräften, die sie schaffen und ausgestalten, und die ihrerseits wieder vom staatlichen Rechte gemeistert werden — eine Aufgabe, die bei uns erst langsam in Angriff genommen ist und von der ausländischen Staatsrechtslehre, vor allem der angelsächsischen, weit besser erfüllt wird als von der deutschen.

Es ist nun aber nicht einmal richtig, daß die Rechtswissenschaft, auch wenn man sie im engsten Sinne versteht, um ihres Gegenstands willen genötigt sei, sich auf logisch-formale Konstruktionen zu beschränken. Die normlogische Schule hat sich auf einen zwar nicht falschen, aber willkürlich verengten Rechtsbegriff zurückgezogen. Daß der Sinn des Rechts ein Sollen, nicht ein Sein ist, kann vernünftigerweise nicht bestritten werden. Aber unsere Wissenschaft hat es nicht nur mit dem transzendentalen Gehalte des Rechts, sondern mit empirisch gegebenen Rechtsordnungen zu tun, die aus Regeln für ein geordnetes Zusammenleben von Menschen bestehen, die werden und vergehen, die nach Ort und Zeit verschieden gestaltet sind. Deshalb ist trotz allem und allem jede Rechtsordnung für sich etwas „Gegebenes“, also ein „Sein“, und diese Gegebenheit kann gar nicht ohne Rücksicht auf die sozialen Beziehungen, die das Recht normiert, begriffen werden. Ferner: die Regeln des rechtlichen Sollens sind immer der Ausdruck universeller Wertungen, und sie beziehen sich ihrem Sinne nach auf Objekte, die als Mittel zur Verwirklichung bestimmter Zwecke gedacht sind. Man kann daher zum Verständnisse der Rechtssätze überhaupt nicht gelangen, ohne sich ein Bild von den Zweckbeziehungen zu machen, um die es sich beim Rechtlichen handelt, von den I n t e r e s s e n, deren Anerkennung, Mißbilligung, deren Ausgleich die erste Aufgabe oder, wenn man will, die Voraussetzung der Rechtsordnung bildet. Nennen wir nun „politisch“ — das ist abermals eine neue Bedeutung des vielschillerigen Wortes — alles, was sich auf die Staatszwecke oder auf deren Abgrenzung gegenüber individuellen Zwecken bezieht, so ist es klar, daß eine allseitige Erfassung der Normen des Staatsrechts ohne Einbeziehung des Politischen gar nicht möglich ist.

Bei Lichte besehen, ist es auch nur eine Selbsttäuschung, wenn die konstruierende Jurisprudenz der Meinung lebt, sie vermöge den gesamten Stoff der Rechtsordnung ohne Urteile wertenden Charakters zu beherrschen. Sehen wir uns doch das Verfahren, das man juristische Konstruktion zu nennen pflegt, etwas genauer an. Zunächst einige ganz einfache Beispiele. Man konstruiert, wenn man den Theaterbesuchsvertrag als einen Werkvertrag auffaßt, d. h. als einen Vertrag über die Herstellung einer Werkleistung, nämlich der Aufführung; man tut es, um auf das Verhältnis die Bestimmungen des Bürgerlichen Gesetzbuchs über Werkverträge anzuwenden. Oder, wenn ich ein staatsrechtliches Beispiel anführen darf, es gibt Juristen, die die Abdankung eines Staatsoberhaupts als einen Regierungsakt konstruieren, um den Akt unter die Vorschrift der Verfassung zu bringen, daß Regierungshandlungen des Staatschefs der Gegenzeichnung eines Ministers bedürfen. Worin besteht nun eine derartige Konstruktion? Es ist seltsam, daß darüber ganz verschiedene Erklärungen abgegeben werden. Max Rümelin, der den Gegenstand, wie ich glaube, am schärfsten untersucht hat, begreift unter Konstruktion die Einordnung einer Einzelerscheinung in das System unter Analysierung und Synthese ihrer Begriffselemente. Ich will mir diese Definition aneignen. Nur möchte ich, etwas anders, als es Rümelin tut, als Konstruktion nicht die Verknüpfung eines Tatbestands mit einer Rechtsfolge, sondern die zum Zwecke dieser Verknüpfung vorgenommene Einordnung eines Tatbestandes oder einer Rechtsfolge in das System ansehen. Die Konstruktion bezieht sich immer auf rechtliche Erscheinungen oder Vorgänge, die nicht ohne weiteres durch Subsumtion unter einen feststehenden Begriff gebracht werden können. Wenn man einen Stockschlag unter den Begriff der Körperverletzung bringt, so ist das bloße Subsumtion, keine Konstruktion. Die Konstruktion ist nur die Vorstufe für eine noch vorzunehmende Subsumtion; ihr Zweck ist, die konstruierte rechtliche Erscheinung sozusagen subsumtionsreif zu machen. Dagegen halte ich es, auch hier anders als Rümelin, für gleichgültig, ob der Begriff, unter den eine Erscheinung gestellt wird, schon bekannt ist oder erst neugebildet wird. Zahlreiche Begriffe, die uns heute geläufig, die zum Teil schon zu gesetzlichen Begriffen geworden sind, hat die Wissenschaft ursprünglich zum Zwecke der Konstruktion gebildet — man denke an das Rechtsgeschäft oder an dingliche und persönliche Rechte oder an Staatenbund und Bundesstaat; es war Konstruktion, wenn Georg Jellinek den Begriff der „Staatsfragmente" erfunden hat. Voraussetzung ist nur, daß der neue Begriff dazu dienen soll, systemfördernd zu wirken, vielleicht eine Erscheinung der Unterstellung unter andere, bereits geläufige Begriffe zu entziehen und ihr eben dadurch einen Platz im Systeme anzuweisen.

Dabei wird man aber wohl zwei Arten oder auch zwei Stufen der Konstruktion auseinanderzuhalten haben. Die erste begnügt sich damit, den bekannten Rechtsstoff als eine Einheit darzustellen, indem sie die einzelnen Rechtssätze als Ausflüsse höherer Prinzipien und diese wieder, immer aufwärts steigend, als Ableitungen aus einem an die Spitze der großen Pyramide gestellten Begriffe auffaßt. Sie will das Einzelne als Teil des Ganzen, das Ganze in seinem inneren Zusammenhange und Zusammenhalte aufzeigen. Sie ist Konstruktion um ihrer selbst willen. Man kann sie als die begreifende oder, um eine bekannte Formel Max Webers zu variieren, als verstehende Konstruktion bezeichnen. Ein zweiter Schritt, der nicht immer getan wird, aber freilich sehr nahe liegt, besteht dann darin, daß man aus der postulierten Einheit des Rechtssystems die Befugnis entnimmt, von den gefundenen Prinzipien neue Rechtssätze herzuleiten, also eine Ausfüllung der Lücken des bekannten Rechtsstoffs vorzunehmen. Vom Standpunkte des konstruierenden Juristen handelt es sich dabei freilich um Ausfüllung nur scheinbarer Lücken, da für ihn Konsequenz und Analogie bloß logische Operationen sind, die lediglich feststellen, was im vorhandenen Rechtsstoffe schon enthalten ist. Hier wird also die Konstruktion zur Rechtsfindung verwendet. Philipp Heck hat das als Inversionsmethode bezeichnet. Wir wollen das Vorgehen die lückenfüllende Konstruktion nennen. Ob eine juristische Konstruktion nur die erste Stufe erreichen will oder eine Lückenergänzung im Auge hat, ist nicht immer sofort zu erkennen. Die Gerber-Labandsche Schule ist jedenfalls im vollen Sinne konstruktiv. Bei ihrer Fortsetzung in der Kelsenschen Schule kann man oft zweifeln, da hier die Jurisprudenz nicht mehr als eine praktische Wissenschaft aufgefaßt wird, der die Aufgabe gesetzt ist, die Rechtsanwendung durch Deutung des bestehenden und Gewinnung neuen Rechts vorzubereiten.

Es scheint mir an dem Mangel an einer Unterscheidung zwischen verstehender und lückenfüllender Konstruktion zu liegen, daß man sich nicht einig ist, auf welchen geschichtlichen, namentlich geistesgeschichtlichen Grundlagen die konstruktive Jurisprudenz beruhe. Man hat gesagt, die Verdrängung der politisierenden Methode des Staatsrechts durch die konstruktive Richtung erkläre sich daraus, daß die Zeit, in der unsere Nation noch um neue verfassungsrechtliche Formen zu ringen hatte, durch eine Periode verfassungspolitischer Ruhe abgelöst worden sei. Das trifft sicher bis zu gewissem Grade zu. Aber es würde doch eben nur das

Staatsrecht angehen, während sich die Vorherrschaft des Konstruktiven in der zweiten Hälfte des vorigen Jahrhunderts auf allen Gebieten der Rechtswissenschaft geltend machte. Wie ist das zu erklären? Viele führen es auf die Auswirkungen der historischen Rechtsschule, andere auf den Einfluß Hegels zurück — was übrigens nicht notwendig einen Gegensatz bedeuten würde. Ich halte beides nicht für richtig oder doch nur für halb richtig.

Es ist unzweifelhaft, daß wir selbst bei den Häuptern der geschichtlichen Rechtsschule eine konstruktive Verfahrensart in der Darstellung des geltenden Rechts finden. Savignys berühmte Monographie über den Besitz gilt ja vielen als Musterbeispiel für konstruierende Jurisprudenz, und Albrechts Gewere bildet dazu ein germanistisches Gegenstück. Aber sollte bei Savigny die Neigung zur Konstruktion nicht eher ein Teil des naturrechtlichen Rückstandes sein, den man in seinem Gedankenbau vorzufinden mit Recht geglaubt hat? Im übrigen war seine Methode sicherlich weit mehr verstehende, als lückenfüllende Konstruktion, vielleicht ausgenommen den letzten Teil seines Systems, das internationale Privatrecht. Das Begriffliche herauszustellen und es zum System zu gestalten, macht nach Savigny die Jurisprudenz der Würde einer Wissenschaft teilhaftig. Erst Puchta und Keller sind bewußt und energisch von den konstruierten Begriffen deduktiv zur Lösung der vom Rechte nicht geregelten Einzelfälle herabgestiegen. Aber gerade bei Puchta war es doch wohl der besondere Einfluß der dialektischen Philosophie, der hierbei eine Rolle spielte. Freilich hat es auch ein Mann wie Eichhorn nicht verschmäht, zu konstruieren, z. B. aus der „Natur" des Deutschen Bundes als eines völkerrechtlichen Vereins die Unmöglichkeit der Einführung eines Bundesgerichts zu erweisen. Indes die Grundgedanken der historischen Schule führen nicht zur konstruktiven Methode hin, sondern von ihr hinweg. Das Dogma von der logischen Geschlossenheit des Rechts ist naturrechtliches Erbgut und nicht, wie viele glauben, auf dem Boden der historischen Schule erwachsen. Deren konsequenteste Vertreter, man denke etwa an Wilhelm Arnold, waren ausgesprochene Gegner der Konstruktion. Wenn andere die konstruktive Methode annahmen, so geschah es trotz des Grundprinzips der Schule. Denn nach diesem ist ja das Recht das Leben des Volkes, von einer bestimmten Seite angesehen. Wie kann man von hier aus zu einer logischen Ableitung der Rechtssätze aus erfundenen Begriffen gelangen? Manigk hat überzeugend dargetan, daß zwischen der historischen Schule und der modernen Zweckjurisprudenz keineswegs eine unüberbrückbare Kluft aufgetan sei. Zwar mußte die historische Schule jedem Versuche entgegentreten, Lücken des Rechts durch subjektive Werturteile auszufüllen. Wohl aber vermochte sie die rechtsschöpferische Kraft objektiver, in der Gesellschaft vorhandener, also universeller Wertgedanken anzuerkennen; denn auch diese sind Ergebnisse einer Geschichte und stehen im Flusse der Geschichte. Was insbesondere das Verhältnis des Staatsrechts zum Politischen anlangt, so mag es stimmen, daß der quietistische Zug, der der historischen Rechtsschule anhaftete, eine Abneigung wenigstens gegen politisches Raisonnement, „das den Geist der Neuerungssucht atmet", im Gefolge gehabt hat. Und die Hauptvertreter der antipolitischen Richtung im Staatsrechte, Gerber und Laband, kamen ja von der historischen Schule her. Allein sie waren doch schon einigermaßen entartete Kinder der großen Mutter.

Über Gerber, der bezeichnenderweise Puchta, nicht Savigny seinen Meister nannte, hat Gierke das harte Urteil gefällt, er habe mit seinen romanistischen Konstruktionen die deutsche Seele im deutschen Rechte getötet. Das Beispiel Gneists aber, der doch gewiß ein Sohn der historischen Rechtsschule gewesen, beweist uns, daß auch diese ein Verhältnis zum Politischen gewinnen konnte.

Mit der Rückführung der konstruktiven Jurisprudenz auf Hegel steht es ähnlich. Kein Zweifel, daß Hegel auf die Juristen in der ersten Hälfte des vorigen Jahrhunderts, zum Teil noch länger, einen starken Einfluß geübt hat. Namentlich das öffentliche Recht und neben dem Strafrecht besonders das Staats- und Völkerrecht zeigen die Spuren — Maurenbrecher, der jüngere Pütter, Heffter, Fricker, endlich Otto Mayer, neben manchem, der nur äußerlich von Hegel berührt worden ist. Ganz sicher lassen sich auch einzelne Elemente der Hegelschen Philosophie in den Gedanken der konstruktiven Jurisprudenz wiederfinden. Wenn sich Ihering in seiner jüngeren, stark konstruktiven Schaffenszeit wie Puchta und andere von dem Glauben tragen ließ, daß die „höhere" Jurisprudenz kraft der inneren Dialektik der Rechtsverhältnisse zur Produktion neuen Rechtsstoffs führe, so ist das offenbar ganz hegelisch gedacht gewesen. Einzelne Begriffsbildungen, die im konstruktiven Staatsrechte eine Rolle gespielt haben, lassen sich unmittelbar auf Hegel zurückführen. Ja, Hegel hat ausdrücklich der positiven Rechtswissenschaft, freilich mit einem deutlichen Tone der Geringschätzung, die Aufgabe zugewiesen, die Zusammenstellung, Konsequenz, Zerspaltung der gegebenen Rechtsbestimmungen durch Deduktion aus ihren positiven Daten vorzunehmen. Aber das ist nach ihm doch alles nur eine Sache der äußeren Ordnung, eine Sache des Verstandes, es hat mit dem wirklichen Begreifen, mit der Vernunft nichts zu tun. So sind die Hegelschen Konstruktionen und die Konstruktionen der Jurisprudenz gar nicht miteinander vergleichbar. Wer das Gegenteil annimmt, verwechselt die formale Logik mit Hegels metaphysischer Logik, das Begriffliche im gewöhnlichen Sinne mit dem Hegelschen Begriffe, der ja der lebende, sich in unaufhaltsamem Gange entwickelnde Geist des Wirklichen ist. Hegels Konstruktion ist also nur verstehende Konstruktion, und zwar ist sie, auch soweit sie sich auf das Recht bezieht, Geschichtskonstruktion. Staat und Recht werden eingereiht in die Entfaltung des Geistes in der Geschichte. So führt Hegels Konstruktion über das Recht hinaus, sie dient nicht der begrifflichen Systematik des Rechtes selbst. Es ist daher ganz bezeichnend, daß von den letzten Ausläufern des Hegelianismus im öffentlichen Rechte nur Otto Mayer, aber weder Lorenz von Stein noch Gneist, die historisch gerichteten Hegelianer, juristische Konstruktion im technischen Sinne gepflegt haben. Und umgekehrt hat die neueste Gestaltung der konstruktiven Staatsrechtslehre, die Kelsensche Normlogik, nicht den geringsten Zusammenhang mit Hegel. Wie sollte das auch möglich sein bei einer Schule, die bewußt unhistorisch ist, während Hegel doch die schöpferische Selbstbewegung des Geistes zur Denknotwendigkeit stempelt, also eben historisch gerichtet ist, — bei einer Schule, die zuletzt den Staat ganz im Rechte verschwinden läßt, während doch bei Hegel das Recht völlig im Staate aufgegangen ist. In der Tat sucht die normlogische Schule selber ihren Ausgangspunkt nicht bei Hegel, sondern bei Kant, — ob mit Recht oder Unrecht, möge hier dahingestellt bleiben. Die Vorliebe für das System und den Glauben an die Lückenlosigkeit des Systems hat die konstruktive

Rechtslehre nicht nur mit Hegel, sondern mit der ganzen idealistischen Philosophie, vielleicht überhaupt mit der Philosophie gemeinsam.

Die Hauptsache ist nun aber, daß es konstruierende Juristen längst vor der historischen Rechtsschule und längst vor Hegel, ja man kann sagen, daß es sie gegeben hat, seitdem man überhaupt das Bedürfnis nach innerer Ordnung des Rechtsstoffs empfunden und befriedigt hat, nur daß die Konstruktion nicht immer bewußt als Methode oder als einzige Methode gehandhabt, daß sie oft nur als Systembildnerin oder aus didaktischen Gründen verwendet worden, daß sie oft nur als verstehende, nicht als lückenfüllende Konstruktion aufgetreten ist. Konstruiert haben schon die römischen Juristen, — wie köstlich hat uns Ihering den Konstrukteur Paulus geschildert! — konstruiert haben Glossatoren wie Postglossatoren, die Scholastik wie der Ramismus, die Synthetiker und Systematiker des 16. Jahrhunderts wie das Naturrecht und die Aufklärung. Gerade im Naturrechte finden wir die Konstruktion in bedeutendem Ausmaße. Nur vollzieht sie sich hier, sozusagen, zuerst auf einer anderen Ebene, indem erst das natürliche Recht als solches durch aprioristische Begriffsbildungen und Deduktionen gemeistert und das Ergebnis für das positive Recht nur dann verwendet wird, wenn der Jurist das Naturrecht zur Ausfüllung der Lücken des positiven Rechts verwenden will. Nicht alle, aber die meisten Naturrechtslehrer haben diesen zweiten Schritt getan. Was ist es anderes als lückenfüllende Konstruktion, wenn z. B. Hugo Grotius die Unveräußerlichkeit der Domänen — es war umstritten, ob das Staatsgut vom Landesherrn veräußert werden durfte oder nicht — dadurch erweisen will, daß er das Recht des Landesfürsten am Domanium als

Nießbrauch auffaßt, und wenn ihn Leyser dadurch zu widerlegen sucht, daß er den Herrscher auf Grund des ursprünglichen Staatsvertrags zum wahren Eigentümer stempelt? Gewiß sind in der naturrechtlichen Jurisprudenz logische Deduktionen aus dem Begriffe oft friedlich neben Zweck- und Werterwägungen gelagert. Um bei dem Beispiele der Domänenfrage zu bleiben, so schließt sich Pufendorf auf der einen Seite der These des Grotius und seiner Begründung an, weist aber doch daneben darauf hin, daß es für den Staat notwendig sei, für die ökonomischen Bedürfnisse des jeweiligen Regierungsnachfolgers zu sorgen und deshalb das Domanium der Verfügungsgewalt des Landesherrn zu entziehen. Jedenfalls ist es aber sicher, daß die konstruktive Methode der Rechtsfindung dem Naturrechte ganz geläufig gewesen ist. Nur hat das Naturrecht an Stelle der römischen Rechtsbegriffe, aus denen heraus die deutschen Staatsrechtslehrer ursprünglich die öffentlichen Rechtsverhältnisse konstruiert hatten, eine andere Konstruktionsbasis gesetzt. Gewisse Spielarten der naturrechtlichen Konstruktion aus der Zeit der Aufklärung können geradezu als unmittelbare Vorläufer der konstruktiven Lehrart des 19. Jahrhunderts bezeichnet werden. Das gilt vor allem für die axiomatische Methode des Heineccius, die bei der Behandlung jedes Rechtsinstituts die Definition an die Spitze stellt, daraus dann Axiomata deduziert und aus diesen wieder die Einzelheiten ableitet; es wird z. B. aus dem Begriffe der Ehe das Axiom der Konsensehe entwickelt, und hieraus werden allerhand weitere Schlüsse für die Einzelheiten gezogen. Dahin gehört aber auch die logisch-demonstrative Methode Christian Wolffs und seiner Schule und endlich die Lehre von der Natur der Sache als Mittel zur Ausfüllung von Rechtslücken, eine Lehre, die wir am Ende der Aufklärungsperiode bei Runde im deutschen Privatrecht, bei Kleinschrod im Strafrecht, bei Gönner im Staatsrecht finden. Gerade diese Methoden haben, was Landsberg in seiner Geschichte der deutschen Rechtswissenschaft sehr fein beobachtet und herausgearbeitet hat, die Brücken gebildet, die vom abstrakten Vernunftrechte des 18. Jahrhunderts zur Konstruktionsjurisprudenz des 19. Jahrhunderts herübergeführt haben.

Alle jene im einzelnen sehr verschiedenen Arten der Rechtsdarstellung und Rechtsfindung können mit keiner bestimmten Philosophie in Zusammenhang gebracht werden. Im Gegenteil, sie versuchen sich alle mit den Weltanschauungen und Erkenntnisformen ihres Zeitalters in Einklang zu setzen. Sie stehen ebenso mit dem Begriffsrealismus der Scholastik in Verbindung wie mit der abstrahierenden Richtung der Aufklärung und des kantischen und nachkantischen Idealismus, wie endlich mit der positivistischen Verengerung des allgemeinen Denkens in den letzten Menschenaltern, mit einer Denkweise, die nicht über den Stoff hinaussieht und nur für gültig hält, was sie aus dem Stoffe herausziehen kann. Gemeinsam haben alle Spielarten der Konstruktionsjurisprudenz nur eine gedankliche Grundlage. Es ist eine, wenn ich so sagen darf, juristische Berufsanschauung. Die konstruktive Methode will dem Bedürfnisse des Theoretikers und Praktikers entgegenkommen, Gewißheit über die Rechtssätze zu schaffen, nach denen sich das gesellschaftliche Leben zu richten hat. Rechtsgewißheit ist notwendig zur Beruhigung des vom Rechte in seinen Interessen getroffenen Bürgers, sowie zur Beruhigung des Gewissens des Rechtsforschers und der rechtsprechenden Obrigkeit. Die Unfehlbarkeit aber des logischen Schlusses, die Evidenz seiner Ergebnisse, scheint allein imstande zu sein, jene Beruhigung zu schaffen. Und so glaubte man die beste juristische Methode zu finden in der Operation mit kristallscharfen Begriffen und granitharten Deduktionen, die eine feste Berechenbarkeit der Resultate verbürgt.

Daher auch der beliebte Vergleich der Jurisprudenz mit der Mathematik, die Bezeichnung der Rechtsfindung als „Rechnen mit Begriffen", die Forderung, daß die Rechtslehre einem jeden das Seine „mit mathematischer Genauigkeit" zu bestimmen habe. Die Verwandtschaft der Rechtswissenschaft mit der Mathematik ist von Leibniz bis Wolff und Kant immer wieder behauptet worden. Andeutungen darüber finden sich sogar bei Savigny. Aber auch in neuerer Zeit tritt der Gedanke namentlich bei den Philosophen, so bei Wundt und bei Cohen auf, und Kelsen, der Schüler Cohens, nennt die Jurisprudenz eine Geometrie der totalen Rechtserscheinungen, wenn er auch zugibt, daß das Gleichnis nicht in allen Punkten zutreffe. Es hat eine Zeit gegeben, in der man die Sache ganz wörtlich genommen und sogar staatsrechtliche Fragen durch Rechenexempel zu lösen versucht hat. Ein berühmter Streit drehte sich darum, ob bei einem Dissens zwischen den drei Kurien des alten Reichstags der Kaiser der Mehrheit beitreten und ihre Beschlüsse zum Reichsgesetze erheben, ob er also z. B. mit Kurfürstenkollegium und Reichsfürstenrat zusammen über ein entgegenstehendes Votum der Reichsstädte hinweggehen könne. Hierbei stützten sich manche auf die von Reinkingk verteidigte Lehre, daß Kaiser und Reichstag die Majestät pro partibus indivisis besäßen, der Kaiser also eine Hälfte, jeder der drei Stände ein Sechstel innehabe. Daraus leitete man dann mit mathematischer Sicherheit ab, daß der Kaiser und zwei Reichsstände zusammen mit zehn Zwölfteln, ja sogar, daß der Kaiser, wenn er nur einen Stand auf seiner Seite habe, mit acht Zwölfteln mehr müsse ausrichten können als die restlichen zwei oder vier Zwölftel. Noch Pütter hat sich gegen solchen Unfug zur Wehr setzen müssen.

Wie steht es nun aber in Wirklichkeit mit der apodiktischen Gewißheit, die mit der intellektualistischen Methode der formalen Logik erzielt werden soll? Sie ist nicht mehr als ein trügerischer Schein. Noch kein Jurist hat mit ihr allein ein vernünftiges Ergebnis erzielt, und es ist Selbstbetrug, wenn er glaubt, mit ihr allein zum Ziele gekommen zu sein. Denn die scheinbar rein logische Analyse und Synthese der Begriffe kann, wenn anders sie sinnvoll sein soll, ohne Unterstützung durch Werturteile gar nicht vorgenommen werden. Es würde kein logisches Fehlurteil sein, wenn man den Vertrag, durch den sich jemand die Benutzung einer Theaterloge sichert, als einen Mietvertrag konstruieren wollte. Daß man es nicht tut, liegt daran, daß man bei jenem Vertrage nicht das Sitzen in der Loge, sondern das Schauen und Hören der Vorstellung als das Wesentliche betrachtet. Was aber wesentlich oder unwesentlich ist, läßt sich nur durch ein Werturteil feststellen. Selbst bei ganz einfachen Subsumtionen kommen wir häufig ohne Zweckerwägungen und Werturteile nicht aus. In der früheren Reichsverfassung war bestimmt, daß für die „Bekleidung“ der Truppen die Grundfarben und der Schnitt der preußischen Armee maßgebend seien. Ob die Offiziershandschuhe zur Bekleidung gehörten oder nicht, und ob die Einführung brauner, statt weißer Handschuhe in der preußischen Armee von den andern Kontingenten nachgeahmt werden mußte, desgleichen ob man die Handschuhe unter den Begriff der „Ausrüstung" zu stellen hatte, von der eine andere Stelle der Verfassung sprach — ich glaube, die Frage hat in der Tat Kopfzerbrechen gemacht — das ließ sich nicht aus einem mit den Mitteln der Logik gefundenen Begriffe der Kleidung oder Ausrüstung, sondern nur unter Zuhilfenahme von Zweckerwägungen entscheiden. Erst recht sind aber die aus Anlaß einer juristischen Konstruktion vorgenommenen Begriffsbildungen und Begriffseinordnungen nicht ohne teleologische Zutaten zu vollziehen. So ergibt es sich denn leicht, daß der Konstruierende dazu verführt wird, in einen Begriff von Anfang an hineinzulegen, was er nachher aus ihm herausziehen möchte, daß er also bona fide ein gewünschtes Ergebnis erschleicht. Gerade im Staatsrechte lassen sich Hunderte von Konstruktionen finden, bei denen in solcher Weise ein als nützlich erachtetes Resultat herbeigeführt wird. Ein Beispiel statt vieler. Ein junger Staatsrechtslehrer beschäftigte sich einst mit der schon vorhin berührten Frage, ob die Abdankung des Monarchen der Gegenzeichnung eines Ministers bedürfe. Sie bedarf ihrer nur, wenn sie ein Regierungsakt ist. Um sie nun als solchen erscheinen zu lassen, zerlegte sie der Jurist in zwei Akte: den Antrag des Monarchen an den Staat, ihn aus seiner Stellung zu entlassen — diesen Antrag stellt der Herrscher als Individuum —, und die Gewährung der Entlassung — diese nimmt er als Staatsorgan an. Was er aber in dieser Eigenschaft tut, ist kontrasignaturbedürftig. Eine so gekünstelte Konstruktion wird wenige befriedigen. Der Jurist wäre auch nie auf sie verfallen, wenn er nicht mit aller Gewalt zu einem in seinen Augen politisch notwendigen Ergebnisse hätte gelangen wollen. In Wirklichkeit ist die Abdankung eine Erklärung, die der Monarch nicht namens des Staats, sondern gegenüber dem Staate abgibt, sie ist also ganz sicher kein Regierungsakt. Will man sie also, dem Wortlaute der Verfassung zuwider, an eine Gegenzeichnung binden, so läßt sich das vielleicht dadurch bewirken, daß man unter Zuhilfenahme politischer Interessenwertungen den Rechtssatz der Verfassung, der sich nur auf echte Regierungsakte bezieht, analog auf Fälle ausdehnt, in denen es angemessen erscheint, daß eine das Staatswohl stark berührende persönliche Entschließung des Staatsoberhauptes ebenso behandelt wird wie ein Regierungsakt. Ich glaube freilich nicht, daß die Analogie in diesem Falle berechtigt sein würde, weil ich es gerade im Staatsinteresse für unbedingt geboten halte, das Staatsoberhaupt ganz frei darüber entscheiden zu lassen, ob es sein Verbleiben im Amte oder sein Ausscheiden für notwendig erachtet.

Die konstruktive Begriffsjurisprudenz im Staatsrechte hat sich aber nicht nur bei bescheidenen Einzelfragen bewußt oder unbewußt mit politischen Zweckerwägungen verbunden. Es ist keine Übertreibung, wenn ich sage, daß die Mehrzahl der für das Staatsrecht maßgebend gewordenen Staatstheorien, die ja größtenteils juristische Konstruktionen gewesen sind, im Hinblick auf politische Ziele aufgestellt und zur Rechtfertigung politischer Akte verwendet worden ist. Die Lehren vom Staats- oder Gesellschaftsvertrage, von der Souveränität, von der Gewaltenteilung sind nicht nur Erzeugnisse theoretischer Spekulation, sondern von Anbeginn Stützen für staats- oder kirchenpolitische Bestrebungen gewesen. Dies läßt sich bis in die neueste Zeit verfolgen. Die Lehre von der juristischen Persönlichkeit des Staats, wie ihr Gegenstück, die privatrechtliche Staatskonstruktion waren, was schon Albrecht richtig gesehen hat,

Programmstücke politischer Parteien. Die Konstruktion des Monarchenrechts als eines eigenen Rechts an der Staatsgewalt, der Begriff des Trägers der Staatsgewalt, die Formulierung des Bundesstaatsbegriffs sind als Krücken für politische Bewegungen verfertigt oder doch benutzt worden. Selbst Labands Lehre vom Gegensatz des Gesetzes im materiellen und formellen Sinne, scheinbar politisch ganz neutral, ist in Gedanken an den preußischen Budgetkonflikt der sechziger Jahre entstanden, hatte sicher eine politische Tendenz, und die Leidenschaftlichkeit, mit der sie von Hänel bekämpft wurde, besaß einen politischen Hintergrund. In Labands Reichsstaatsrecht hat Gierke mit Recht einen „unverkennbar absolutistischen Zug" erblickt, und etwas Ähnliches ließe sich auch in Otto Mayers angeblich ganz unpolitischen verwaltungsrechtlichen Konstruktionen entdecken.

Freilich in allen diesen Fällen hat sich schließlich gezeigt, daß sich aus Begriffen die widersprechendsten Folgerungen ziehen lassen, weil man die Begriffe, ohne logisch falsch zu verfahren, weiter oder enger fassen kann, und weil ihre sogenannte „Richtigkeit" meist nur von der Breite des Induktionsbodens abhängt, aus dem sie entsprossen sind. Auf den Staatsvertrag hat Hobbes seinen Staatsabsolutismus ebenso zu stützen vermocht wie die Monarchomachen oder Milton und Sidney ihr Widerstands- und Absetzungsrecht und wie Rousseau seine demokratische Lehre. Die organische Staatstheorie konnte von Goenner als Ausgang für absolutistische, von den Romantikern für feudalständische, von Hugo Preuß für demokratische Folgerungen benutzt werden. Den Souveränitätsbegriff hat Bodin so formuliert, daß er eine außen- und innenpolitische Stütze für das französische Königtum bildete.

In Deutschland modelte man ihn um, damit man aus ihm das Widerstands- und Bündnisrecht der Reichsstände entwickeln konnte; Reinkingk, der den Kaiser hiergegen schützen wollte, leitete seinen Souveränitätsbegriff aus einer dafür günstigen Formel der Postglossatoren ab. Je nachdem man die Majestas so oder so konstruierte, wurde das Recht des Kaisers, dem Reichshofrate eine mit dem Reichskammergerichte konkurrierende Stellung anzuweisen, von den einen anerkannt, von den andern bestritten. Die Rheinbundsfürsten nahmen eine gewaltsame Verrenkung des Souveränitätsbegriffes vor, um ihre Landstände zerbrechen zu können, und die Formel, mit der die Wiener Schlußakte von 1820 das monarchische Prinzip auf die Souveränität der Fürsten zurückführt, ist ein klassisches Beispiel für eine politisch beeinflußte juristische Konstruktion. „Da der Deutsche Bund", heißt es dort, „aus souveränen Fürsten besteht, so muß dem hierdurch gegebenen Grundbegriffe zufolge die gesamte Staatsgewalt in dem Oberhaupte des Staats vereinigt bleiben." Die Konstruktion des Bundesstaats war immer abhängig von der Begriffsbestimmung der Souveränität, und je nachdem man die Souveränität als Begriffsmerkmal des Staats behauptete oder leugnete, konnte man die Möglichkeit eines Bundesstaats überhaupt verneinen oder bejahen. Neuerdings halten es viele für ausgeschlossen, ein Völkerrecht auch nur zu denken, ehe nicht der hinderliche Souveränitätsbegriff über Bord geworfen ist, während ich mich für meine Person anheischig mache, die Souveränität der Staaten, natürlich so wie ich sie konstruiere, geradezu als Voraussetzung für ein zwischenstaatliches Recht zu erweisen.

So zeigt sich, daß die normlogische Staatsrechtsschule ganz mit Recht behauptet, es habe die bisherige Doktrin politische Zweck- und Wertgedanken für ihre Begriffsbildungen mitverwendet, und zwar oft im Widerspruche mit ihrer methodischen Grundauffassung. Nur ziehen wir aus dieser Tatsache einen anderen Schluß als der intellektualistische Purismus. Wir sind nicht der Meinung, daß die teleologische Erwägung aus der Rechtswissenschaft zu verbannen sei. Wir denken vielmehr, daß sie, statt sich hinter der Maske des Logischen zu verbergen, in voller Offenheit ihren Platz in der Rechtslehre suchen und behaupten müsse. Da das Recht selbst nichts ist als ein Komplex von Werturteilen über Interessenkonflikte, so ist die teleologische Methode die dem Gegenstande der Rechtswissenschaft adäquate Methode. Auch im Staatsrechte scheuen wir daher nicht, sondern fordern wir die Verbindung der politischen Erwägung mit der logisch-formalen Begriffsarbeit. Wir ziehen zwar heute einen schärferen Trennungsstrich zwischen rein politischen und rechtlichen Erwägungen, als es die liberale Publizistik zur Zeit der Rotteck und Welcker, die konservative durch Stahl und andere getan hat; wir wünschen keine Rückkehr der Tage, in denen man Staatsrecht durch Politik ersetzte. Erst recht verabscheuen wir es, wenn politische Tendenz das geltende Recht verfälschen will. Aber wir gehen dem Politischen so wenig aus dem Wege, daß wir uns sogar außerstande erklären, das Recht ohne Rücksicht auf das Politische auszulegen. Dabei sind wir weit davon entfernt, die juristische Konstruktion als solche zu verachten. Im Gegenteil, wir erkennen in ihr, vielleicht nicht das einzige, aber doch ein wertvolles, bisher jedenfalls noch nicht übertroffenes Mittel zur Systembildung, ohne das wir uns eine Herrschaft über den Stoff schwerlich hätten erobern können. Gerade wir Publizisten haben ihr in dieser Richtung vieles zu verdanken. Die konstruktive Methode Otto Mayers hat uns die schier unübersehbare Masse des Verwaltungsrechts erst recht eigentlich wissenschaftlich meistern lassen. Wir beugen uns also vor der verstehenden Konstruktion. Wir schätzen die Konstruktion sogar, wenn auch mit einigem Vorbehalt, soweit sie eine Vorbereitung sein will für die zweite Hauptaufgabe des Juristen, für die Ergänzung des Rechtsstoffs durch Gewinnung neuer Rechtssätze. Denn sie liefert uns bequeme Schubfächer, in denen wir die zu prüfenden Rechtserscheinungen vorläufig unterbringen können, ehe wir sie nach Grundsätzen wertender Interessenabschätzung endgültig beurteilen. Die Konstruktion kann uns also als „Subsumtions- und Analogiehypothese“ dienen. Aber wenn sie eine größere als diese heuristische Rolle spielen will, wenn sie sich anmaßt, selber lückenfüllende Funktionen zu übernehmen, oder wenn sie sich gar gebärdet, die alleinseligmachende Methode zu sein, dann werfen wir ihr den Fehdehandschuh hin.

Es ist nicht zu verkennen, daß die Zweckjurisprudenz der Gefahr ausgesetzt und zuweilen sogar unterlegen ist, einem flachen Relativismus oder einem rohen Utilitarismus zu verfallen; selbst Ihering ist der Gefahr nicht immer entronnen. Vor allem für das Staatsrecht scheint eine Methode bedenklich zu sein, die alle Auslegung und Lückenfüllung auf Wertungen stützt. „Ein Staat“, sagte Gerber, „der auf Meinungen gegründet ist, kann nur eine unsichere und schwankende Existenz haben.“ Allein ist denn das formallogische Verfahren weniger auf „Meinungen“ gestützt? Es ist kein Zweifel — und das bitte ich namentlich Sie, meine Herren Kommilitonen, stets zu bedenken —, daß gar manche in der Tracht des rein Juristischen wandelnde Begriffe und Axiome des öffentlichen Rechts nichts anderes sind als Ausdrucksformen politischer, ja parteipolitischer Tendenzen. Aber die teleologische Jurisprudenz ist gezwungen, Farbe zu bekennen. Sie macht kein Hehl daraus, daß ihre Ergebnisse abhängig sind von Werturteilen. Denn eine Interessenjurisprudenz, die sich zur Aufgabe setzt, Interessen gegeneinander „abzuwägen“, muß, wenn sie nicht auf halbem Wege stecken bleiben will, die Maßstäbe nennen, nach denen sie die Abwägung vollzieht. Die Zweckjurisprudenz macht indessen, meist sogar dem ungeschulten Auge, deutlich, wo sie sich an der Grenze der subjektiven und der objektiven Interessenwertung befindet. Daß freilich ihre Aufgabe darin besteht, die Maßstäbe, an die sie sich hält, in der Sphäre des Objektiven zu suchen, steht fest. Wir alle sind dem Irrtum unterworfen, und es kann uns begegnen, daß wir subjektives Meinen mit objektivem Gelten verwechseln. Aber solcher Irrtum ist leichter aufzudecken als der Fehler einer logischen Konstruktion. Unsere Pflicht sehen wir jedenfalls im Staatsrechte wie im Privatrechte — denn es gibt nur eine juristische Methode —, unsere Pflicht sehen wir darin, daß wir uns bei Auslegung und Lückenfüllung zunächst an die Wertungen halten, die wir im Gesetze ausgedrückt sehen. Läßt uns dieses im Stich, so sind wir verpflichtet, die Maßstäbe anzulegen, die wir im Rechtsbewußtsein der rechtlich verbundenen Gemeinschaft finden. Selbst wenn wir einmal am letzten Ende in die eigene Brust greifen, wenn wir, wie es die klassisch gewordene Vorschrift des Schweizerischen Zivilgesetzbuchs fordert, nach der Regel entscheiden, die wir als Gesetzgeber aufstellen würden, so handeln wir doch nicht nach individueller Willkür. Auch der Gesetzgeber hat seine Normen nicht nach Willkür, sondern nach sachlich begründeter Erwägung aufzustellen. So sollte es vielleicht noch besser heißen: wir entscheiden im Notfalle so, wie wir als Gesetzgeber entscheiden müßten. Unser Bewußtsein ist ja doch nur ein Teil eines überindividuellen Geistes. Greifen wir in unsere Brust, so greifen wir zugleich nach ewigen Sternen. Auch für die Interessenjurisprudenz bleibt der oberste Leitstern die Rechtsidee, die ewige Gerechtigkeit. Ihr allein zu dienen, ist unsere Pflicht, ihr treu zu dienen, soll unser Gelöbnis sein.

Das Institut für ausländisches öffentliches Recht und Völkerrecht in Berlin

tritt im Laufe dieses Jahres mit zwei Reihen wissenschaftlicher Arbeiten an die Öffentlichkeit.

Die „Beiträge zum ausländischen öffentlichen Recht und Völkerrecht“

erscheinen in zwangloser Reihenfolge als eine Sammlung von Einzelschriften aus dem Arbeitsgebiet des Instituts. Sie werden wissenschaftliche Abhandlungen, Materialsammlungen, Übersetzungen besonders wertvoller ausländischer Werke u. a. enthalten.

Die „Zeitschrift des ausländischen öffentlichen Rechts und Völkerrechts“,

deren erstes Heft gegen Ende des Jahres erscheinen soll, wird in regelmäßiger Wiederkehr über die wichtigsten Vorgänge in Praxis und Theorie auf dem Gebiet des Völkerrechts und des ausländischen Staats- und Verwaltungsrechts berichten. Sie wird dieser Aufgabe durch Wiedergabe des für diese Gebiete bedeutungsvollsten Materials sowie durch kürzere Berichte und wissenschaftliche Arbeiten dienen.

Anfragen jeder Art, die sich auf die genannten Veröffentlichungen des Instituts beziehen, sind zu richten an Professor Dr. Viktor Bruns, Berlin C 2, Schloß, Portal III.

Die Herausgeber.

FSC
www.fsc.org
MIX
Papier | Fördert
gute Waldnutzung
FSC® C083411

Kolibri 360 GmbH
Ferdinand-Jühlke-Straße 7
99095 Erfurt, Deutschland
produktsicherheit@kolibri360.de